Colección 100 Pasos

100 *Pasos*
para vender tu casa.

Los Secretos de un Agente Inmobiliario

Ismael López

Información legal y Derechos de Autor.

La propiedad intelectual y los derechos sobre todos los textos contenidos en este libro pertenecen exclusivamente a su Autor, Ismael Lopez.

La información publicada en este libro se provee tal y como está y está basada exclusivamente en la experiencia personal y las opiniones del autor. Este libro no garantiza la consecución de la venta de su casa en un tiempo determinado, por lo que el autor no se hace responsable ni asume ningún tipo de daños o perjuicios que podrían ocasionarse a consecuencia de la actualidad, corrección, exactitud o calidad de la información publicada en este libro, así como de los resultados que se obtengan con su lectura.

© Ismael Lopez, 2018. Todos los derechos reservados.
Sin limitación de los derechos de autor reservados arriba, ninguna parte de este libro puede ser reproducida en cualquier forma o por cualquier medio electrónico o mecánico, incluyendo sistemas de almacenamiento y recuperación de la información, ni sin el permiso por escrito del autor.

© Ismael Lopez, 2018

Quiero dar las gracias a tod@s los que, sin ell@s, este libro no habría sido posible:

A Rosana, mi mujer, por su paciencia, su Amor y su intuición certera.

A mis hijas, Eva, Ines, Viviana y Alexandra, por sus risas y por apoyarme siempre.

A mis padres, por haberme dado una educación y un amor incondicional.

De todo corazón **¡GRACIAS!**

"Grandes resultados pueden ser conseguidos con pequeños esfuerzos"

Sun Tzu *" El arte de la guerra"*

En este libro te explicaré cómo, haciendo pequeños esfuerzos, conseguirás vender tu casa con grandes resultados. Sigue estos **100 Pasos** para lograrlo.

ÍNDICE

1. Introducción 9
2. La pregunta fundamental: "¿Quiero vender?" 11
   Paso 1 a 8 11
3. Documentación necesaria antes de empezar 13
   Paso 9 a 18 13
4. El precio de mercado 15
   Paso 19 a 25 15
5. Vender solo o aconsejado 17
   Paso 26 a 35 17
6. Cómo acomodar tu vivienda para la venta 21
   Paso 36 a 43 21
7. Las Fotos 23
   Paso 44 a 48 23
8. Hacer un plano 25
   Paso 49 a 51 25
9. Hacer un vídeo y una visita virtual 27
   Paso 52 a 55 27
10. Como publicar tu vivienda y dónde 29
    Paso 56 a 60 29
11. La publicación 31
    Paso 61 a 67 31
12. Las redes sociales 35
    Paso 68 a 71 35
13. Gestionar las visitas 37
    Paso 72 a 77 37
14. Gestionar las ofertas 41
    Paso 78 a 85 41
15. Papeleo y Notaría 45
    Paso 86 a 96 45
16. Quién paga qué - impuestos y tasas 49
    Paso 97 a 100 49
17. Conclusiones 51
18. Anexo 53

100 Pasos para vender tu casa

1. INTRODUCCIÓN

Lo primero de todo quiero darte las gracias por haber comprado este libro. En él te acompaño paso a paso para ayudarte a vender tu casa. Aprenderás todo lo que hay que saber para que acometas este reto de la mejor manera posible y evites todas las trampas que se van a presentar ante ti. La venta de una propiedad inmobiliaria no es una cosa sencilla y muchas veces la gente se lanza sin saber que es un procedimiento, si no complicado, sí complejo, debido a toda una serie de cosas que debemos saber antes de vender.

Con este libro sabrás todo lo que hay que saber antes de vender tu inmueble para prepararte correctamente de manera que nada pueda echar para atrás tu venta con un comprador potencial. Te acompañaré a lo largo de todo el proceso para que puedas valorar si lo quieres vender por cuenta propia, o en caso de querer trabajar con una agencia, ayudarte a elegir el mejor compañero para ello. Si decides actuar en solitario te enseñaré lo que tienes que saber para promocionar tu vivienda en la red como lo hace un profesional y te daré toda una serie de consejos para vender tu propiedad de la mejor manera y evitar malvenderla. También abordaremos todo el tema legal de papeleo, para que sepas en todo momento los pasos que tienes que dar uno tras otro y no de cualquier manera como suelen hacer muchos particulares a la hora de vender.

Cuando hayas terminado de leer este libro lo sabrás todo sobre la venta de una propiedad inmobiliaria. En el anexo encontrarás una lista recapitulativa para que puedas apuntar todos los pasos que has dado y ver los que te faltan por dar.

Este libro ha sido escrito basándose en el mercado inmobiliario español. Si tu vivienda está en otro país podrás aprovechar el 80% de los pasos que te aconsejo dar a continuación. Sólo necesitas enterarte al respecto de los papeles legales y de los portales más eficientes en tu país, sino por lo demás es todo igual.

Sobre el autor:

Con más de 25 años trabajando en el ámbito comercial, he sacado al mercado varios centenares de nuevos productos en áreas tan diversas como la informática, las telecomunicaciones, las energías renovables, las finanzas, los seguros y el sector inmobiliario.

Soy experto en análisis sistémica (psicología de la interacción de los grupos de personas) lo que me ha llevado a desarrollar una visión de la venta muy diferente a la de los marcos establecidos que se enseñan en las escuelas de venta, donde el factor psicológico me permite conocer perfectamente tanto a vendedores como a compradores y anticipar sus respectivos movimientos.

Espero que la lectura de este libro te sea agradable. Lo he concebido para que lo puedas seguir como un guión y volver a cada momento para repasar pasos anteriores. Por favor, léelo al menos una vez en su totalidad para que tengas una visión global clara de todo lo que tienes que hacer.

2. LA PREGUNTA FUNDAMENTAL: "¿QUIERO VENDER?"

Paso 1 a 8

Paso 1: Antes de hacer cualquier cosa, siéntate y hazte esta pregunta: -"¿Realmente quiero vender?"- Si eres el único dueño de la vivienda, te toca hablar contigo mismo, pero si sois más de un propietario necesitáis reuniros y hablarlo entre vosotros. Sólo si TODOS están de acuerdo en vender, puedes seguir con el segundo paso.

Paso 2: Segunda pregunta: -"¿Porqué quiero (o queremos) vender?"- Esta pregunta parece tonta, pero muchos compradores (e incluso las agencias inmobiliarias) te la harán cuando visiten la casa. Así que mejor ir con los deberes hechos.

Paso 3: Tercera pregunta: -"¿Con qué condiciones?"- Aquí tenemos el típico debate que se produce cuando hay varios dueños. Unos quieren vender pero no por un precio por debajo de xxxx euros. Puedes tener el caso de vendedores que venden su casa amueblada, o que viven dentro y no la van a liberar antes de un par de meses, etc.

Paso 4: Es necesario reflejarlo por escrito y comentárselo al potencial comprador que visite la vivienda, o al agente comercial que vayáis a contratar.

Paso 5: Si sois varios dueños, sobretodo en el caso de ser una vivienda heredada, te recomiendo que hagas un escrito donde vengan reflejados los nombres, apellidos y DNI de todos, y el acuerdo de venta con todos con las condiciones de cada uno.

Paso 6: Cuando sois varios dueños, lo mejor es que uno solo se encargue de la venta de la vivienda, para que esto no sea un desmadre.

Paso 7: Te recomiendo que eso también venga reflejado en el documento y firmado por todos. De ese modo actuarás con un poder "verbal" en nombre de todos. Sí, ya sé que suena raro que al ser un escrito se llame poder verbal, pero el único poder escrito como tal es el que se hace ante notario.

Paso 8: Si uno de los dueños no estuviera físicamente disponible, sea por enfermedad o por residir en otro país, te aconsejo que le pidas hacer un poder notarial para que puedas gestionar la venta en su nombre. En ese caso también firmarías por él o ella la venta en la notaría.

3. DOCUMENTACIÓN NECESARIA
ANTES DE EMPEZAR

Paso 9 a 18

Paso 9: Debes reunir toda la documentación antes de ir más adelante. Sea que vendas por cuenta propia, o a través de un agente inmobiliario, la vas a necesitar. Esta documentación es valida para España, si tu vivienda está en otro país entérate antes de lo que vas a necesitar.

Paso 10: Te aconsejo que te hagas con una carpeta donde puedas guardar toda la documentación y tenerla siempre a mano.

Paso 11: Las escrituras de la compra del piso. Imprescindible para cualquier gestión. Te la pedirán en la agencia inmobiliaria si firmas con ellos.

Paso 12: El recibo del último IBI pagado. Para poder vender tienes que demostrar que estás al corriente de pago con hacienda. También en ese documento encontrarás la referencia catastral necesaria más adelante.

Paso 13: Si es un piso, un certificado de la comunidad de propietarios donde consta que estás al día del pago de los gastos de la comunidad y que no existen derramas pendientes.

Paso 14: Si existieran derramas, las tiene que pagar el vendedor a no ser que haya acuerdo contrario con el comprador. Este certificado no es obligatorio para poner en venta el piso ya que tendrás que pedir otro justo antes de firmar en la notaría, pero si es importante de cara a tranquilizar a un potencial comprador. Verás más adelante lo importante que es poder justificar cualquier duda planteada por un comprador durante la visita.

Paso 15: El certificado de eficiencia energética. Si no lo tienes (es válido por 10 años) tienes que pedir que te hagan uno. Desde 2013 es obligatorio tanto para la firma en la notaría como para la publicación en portales de Internet. De no hacerlo corres el riesgo de ser multado y no merece la pena, ya que lo tendrás que hacer sí o sí.

Paso 16: Nota simple. Te aconsejo que vayas al registro de la propiedad de donde depende tu vivienda para que te den ese certificado. En él estarán reflejados los nombres y apellidos de los dueños así como las cargas existentes de la vivienda. Esto es muy importante para justificar que eres el dueño de esa propiedad que vendes y para ver si no existe alguna carga pendiente.

Paso 17: Si has comprado tu vivienda con hipoteca estará reflejado con qué banco. Pero lo más importante es que si ya la has pagado compruebes que la liquidación está debidamente registrada, ya que a veces los bancos liquidan la hipoteca pero se olvidan de registrarlo en el registro de la propiedad y sigue apareciéndote como carga.

Paso 18: Si desafortunadamente este es tu caso, eso te da tiempo para gestionar con el banco que hagan lo necesario para cambiar ese estado en el registro. Ojo que no te cobren porque ya lo pagaste al liquidar la hipoteca. Algunos bancos son muy listos y se aprovechan del desconocimiento de los clientes.

4. EL PRECIO DE MERCADO

Paso 19 a 25

A la hora de ponerle precio a una vivienda existen dos métodos, la tasación y la valoración.

Paso 19: La tasación. Es un documento legal que certifica el valor de un inmueble para una finalidad descrita, realizado con una metodología basada en una normativa legal. Es lo que suelen pedir los bancos a la hora de hacerte una hipoteca.

Paso 20: La valoración suele hacerla un profesional del mercado inmobiliario que conozca perfectamente los precios de la zona donde está situada la vivienda.

Paso 21: La valoración tiene que estar acorde con el precio del mercado para un mismo inmueble en la misma zona. Suele haber una diferencia de precio entre la tasación y la valoración, ésta última siendo siempre inferior.

Paso 22: Lo que se vende es lo que está al precio de mercado, así que no pierdas tiempo con una tasación que te hayan hecho anteriormente y concéntrate con una valoración ajustada. Nadie pagará por tu vivienda más de lo que se haya vendido o esté en venta en tu zona con características similares.

Paso 23: Para ayudarte a saber cual es el precio de mercado para tu vivienda te recomiendo este truco. Ve al portal inmobiliario Idealista (www.idealista.com) y haz una búsqueda en venta en la zona donde tienes la vivienda. No pongas precio, pero sí todas las características idénticas a tu piso o casa (dormitorios, ascensor, estado del inmueble, garaje, jardín, piscina...). Una vez hecho esto, en la parte donde te aparecen todas las viviendas, baja al final de todas y verás una información que pone "precio medio por metro cuadrado" multiplica ese precio por los metros cuadrados construidos de tu vivienda y tendrás tu precio de mercado.

Paso 24: Si no conoces los metros cuadrados construidos puedes buscarlo en el portal Internet del catastro (encontrarás el enlace directo en el **Anexo**, al final del libro). Aquí sólo necesitas teclear la referencia catastral que viene en el recibo del IBI.

Paso 25: Yo lo que suelo hacer es ajustar más aun el precio seleccionando una zona concreta de un par de manzanas al rededor de la propiedad dibujándola en el mapa de Idealista ("dibujar tu propia zona"). Porque a veces las zonas que propone el portal son extensas y puede que te entren zonas más o menos caras, lo que defrauda un poco el precio de mercado especifico de tu vivienda. Es importante también que te enteres de los competidores que tienes alrededor de tu vivienda, es decir, cuántas más viviendas similares a la tuya se venden. Mira sus publicaciones, mira sus características, donde están ubicadas, sus precios... Lo mejor es que hagas un dossier imprimiendo esas publicaciones y buscando argumentos de cara a que, cuando un comprador visite tu vivienda y te hable de ellas, puedas argumentar. Mira sobre todo lo que tiene la tuya y que no tienen ellas, la altura, las vistas, el ruido, los servicios, etc... Todo lo que te sirva. Te será muy útil a la hora de negociar el precio con los compradores (**Paso 82**).

5. VENDER SOLO O ACONSEJADO

Paso 26 a 35

Ahora que tenemos lista toda la documentación y que sabemos cuál es nuestro precio de mercado, queda por saber cómo lo queremos vender.

Paso 26: Tienes dos opciones: venderlo por cuenta propia o a través de un agente inmobiliario. Ésto es lo que tienes que valorar.

Paso 27: Hazte estas preguntas:
-"¿Voy a poder dedicarle todo el tiempo necesario?"-
-"¿Voy a estar disponible EN TODO momento para contestar a las llamadas y organizar las visitas?"-
-"¿Tengo el dinero necesario para preparar mi vivienda para la venta?"-

Paso 28: Si puedes contestar "SI" a todas estas preguntas te puedes lanzar a venderlo por cuenta propia, sabiendo que no es tan fácil como suele pensar la gente y lo verás en los siguientes capítulos.

Paso 29: Si has contestado por lo menos una vez "NO" a alguna de ellas, te recomiendo que te plantees el asesoramiento de un agente profesional.

Paso 30: Elegir trabajar con un agente inmobiliario para vender tu vivienda es un paso sumamente crítico, porque según a quién elijas, te puede salir de maravilla o ser tu peor pesadilla.

Paso 31: Lo primero que tienes que hacer es comparar, y no sólo es una cuestión de precio. Ten en cuenta que la media que te van a cobrar en una agencia en España va a ser de un 4% (más IVA) del precio final de la venta, con un mínimo que ronda entre los 3.000€-4.000€. En este caso no tienes que adelantar nada, ya que hasta que no cobres la venta no tienes que pagar y las agencias suelen retener esa cantidad al momento de recibir el pago de las arras por parte del vendedor. Tenlo en cuenta a la hora de aceptar una oferta por tu vivienda, ya que deberás deducir de esa oferta el coste de la agencia. A la gente le suele parecer mucho lo que cobran las agencias pero vender una vivienda rápido cuesta dinero y mucho tiempo invertido, verás en los próximos capítulos todo lo que hay que hacer para conseguirlo.

Paso 32: Dicho esto, te toca patear las calles y visitar cuantas más agencias mejor. Pregunta en tu entorno seguro que tienes a conocidos, amigos o familiares que ya han tenido esa experiencia y te podrán aconsejar para elegir agencia o descartar alguna.

Paso 33: Evalúa las agencias, cuánto te cobrará cada una, qué te ofrecen a cambio, quién se ofrece para visitar tu vivienda, en cuanto la valoran, qué plan de marketing te ofrecen. El mercado inmobiliario ha cambiado mucho: se acabó el sólo publicar, poner un cartel en el escaparate y ya. Tu agente inmobiliario tiene que ser una persona que te transmita confianza, que te asesore en cada momento y que te acompañe a lo largo de todo el proceso.

Paso 34: No dudes en hacerle preguntas a los agentes inmobiliarios. Pregúntales las acciones que van a emprender para la venta de tu vivienda y cómo te van a mantener informado del proceso de venta. Utiliza los próximos capítulos de este libro para saber lo que hay que hacer y preguntarles como si fueras un profesional del mercado inmobiliario.

Paso 35: Una vez hayas encontrado tu media naranja, contrata SÓLO una agencia y en exclusiva. No tengas miedo a trabajar en exclusiva, ya que es el mejor método para vender rápido y el ÚNICO que permitirá que la agencia pueda invertir TODO el dinero y tiempo necesario para que tu vivienda se venda lo mas rápido posible. Cuesta muchas veces creer que contratar una sola agencia es mejor que contratar a varias, pero si contratas a varias agencias, al no estar éstas seguras de vender (ya que cualquiera puede vender tu propiedad), ninguna invertirá ni en tiempo ni en dinero. Tu vivienda será una más entre tantas. Créeme: la venta en exclusiva es lo único que funciona y te permite vender en poco tiempo.

Si decides trabajar con un agente inmobiliario, los siguientes pasos le corresponden a él. Algunas cosas, aunque las tengas que hacer tú, te serán propuestas por tu agente. Léelo para estar enterado.

6. CÓMO ACOMODAR TU VIVIENDA PARA LA VENTA

Paso 36 a 43

Paso 36: Si has oído hablar del "Home Staging" que traduciremos como acondicionamiento de la vivienda, ya sabes de qué va el tema; y si no, pues es el método que se utiliza para sacar a relucir lo mejor de tu casa y hacerla irresistible a ojos de los compradores. Pero, sin ir tan lejos como mis compañeros de EE.UU., te voy a dar unos consejos para presentar tu vivienda de la mejor manera posible.

Paso 37: Si no la vas a vender con los muebles y no vives dentro quítalo todo. A un comprador le será mas difícil proyectarse y ver el espacio total disponible si la casa está llena de muebles.

Paso 38: Si vives dentro, trata de despersonalizar la casa lo más posible, si tienes a alguien que te deje un trastero, o bien alquila uno por un tiempo y quita todo lo que sobra. Fotos personales, estanterías demasiado cargadas, grandes cantidades de juguetes y peluches... Que sea justo lo necesario para vivir dentro.

Paso 39: Recoge todo, en la cocina, el cuarto de baño, los dormitorios. Mete cuantas más cosas en los armarios. Eso de cara a hacer las fotos y antes de que vengan a visitar la vivienda.

Paso 40: Si tu vivienda está en perfectas condiciones perfecto estás listo para hacer fotos. Si tu vivienda está bien pero la pintura ha vivido, contempla la posibilidad de darle una mano de pintura blanca. Eso hará que el comprador no ponga pegas y trate de rebajarte el precio que pides alegando pequeñas reformas.

Paso 41: Si tu piso o casa necesita una reforma, ya sabes que vas a tener que sacrificar el precio. La pregunta a hacerse entonces es "hasta dónde puedo llegar para no mal vender?".

Paso 42: Aquí déjame aconsejarte algo que hago con mis clientes: Pídele a un reformista profesional que te haga un presupuesto que incluya todo lo necesario para poner tu vivienda a la norma de "habitable". Eso quiere decir una reforma básica según lo que haya que cambiar: electricidad, ventanas, suelos, baños, cocina... Tú ya sabes lo que tu casa necesita. Díle al reformista que quieres valorar en hacer la reforma antes de vender y que lo ajuste al máximo. Una vez hecho esto, cuando tengas el presupuesto vuelve a mirar el precio del mercado. Si tu piso valía 100.000€ a reformar, mira cual será su precio del mercado en buen estado. Toma ese nuevo precio y quítale el precio de la reforma que te presupuestaron y ahí veras hasta dónde puedes bajar.

Paso 43: Si has hecho el paso anterior, guarda el presupuesto en la carpeta de los documentos que siempre debes de tener a mano. Más adelante te explicaré cómo utilizarla en la negociación con un potencial comprador.

7. LAS FOTOS

Paso 44 a 48

Paso 44: Si tienes una cámara reflex profesional úsala, si no, los móviles actuales hacen muy buenas fotos.

Paso 45: Elije un día con mucha luz, más bien soleado. Yo prefiero hacer las fotos con luz natural pero según como esté el día puedes necesitar encender las luces, sobretodo en estancias como los pasillos, los baños, trasteros...

Paso 46: Haz un par de fotos y mira cómo salen. Y no tengas miedo de hacer muchas, ya lo veremos más adelante pero tienes que tener un mínimo de 40 fotos para tener una buena puntuación en los portales y aparecer en las primeras páginas. Cuantas más mejor, ya verás por qué en el **Paso 66**.

Paso 47: Saca fotos a nivel de los ojos, si eres alto agáchate un poco. Saca fotos desde cada ángulo de cada estancia. Ten cuidado de no aparecer en los espejos de la entrada, pasillo, armarios o baños.

Paso 48: Una vez hayas terminado con toda la casa, no olvides sacar fotos de detalles, como las ventanas de pvc si las tienes, electrodomésticos, vistas si las hay, terraza, jardín, garaje, trastero... Cuanto más mejor. Saca también fotos del portal si está reformado, del ascensor y de la fachada desde la calle. Si es una casa saca fotos del entorno, de todos los elementos importantes que puedas tener, caldera de gasóleo, paneles solares, pozo, portón automático...

100 Pasos para vender tu casa

8. HACER UN PLANO

Paso 49 a 51

Paso 49: Tener un plano es muy importante ya que eso permite al comprador hacerse una mejor idea de la distribución de la vivienda antes de hacer una visita. Sobretodo uno que venga con los metros cuadrados de cada estancia.

Paso 50: Si no tienes plano y dominas un poco el dibujo puedes hacerlo tú mismo, sea bien dibujándolo en un papel milimetrado o bien usando uno de los tantos programas gratis que hay en Internet. Si no te atreves a hacerlo tú mismo, puedes encargarlo a un profesional.

Paso 51: Si tu vivienda está para reformar el plano es imprescindible, ya que lo van a necesitar para evaluar lo que costaría una reforma. En este caso también te recomiendo que además del plano te hagan una Infografía de cómo quedaría el piso una vez reformado. Te saldrá más caro pero habrás marcado un puntazo de cara al potencial comprador cuando le presentes todos esos elementos durante la visita. Verá que tienes el tema bien controlado y tendrá más problemas a la hora de negociar el precio a la baja.

9. HACER UN VÍDEO Y UNA VISITA VIRTUAL

Paso 52 a 55

Paso 52: Te aconsejo que tomes unos minutos para hacer un vídeo de tu vivienda. Ya sé que puede parecer innecesario pero, créeme, las fotos solas no dan una visión clara del inmueble y la gente puede quedarse desilusionada al visitarlo porque se creían que o era más grande o que estaba mejor distribuido etc... Ayuda mucho a la hora de vender, pues te permite descartar visitas que al final no llevan a nada y gente que vive lejos puede hacerse una mejor idea de la vivienda que vendes.

Paso 53: Si estás equipado puedes hacerlo con una cámara de vídeo y montarlo con uno de los programas que encontraras en Internet y que son gratis. Pero si no tienes nada de eso vete a lo simple, coge tu móvil, ponlo en posición horizontal (queda mucho mejor) y haz un vídeo casero.

Paso 54: Si no vas a hacer un montaje con textos y efectos, habla, explica lo que se ve, empieza por la entrada desde la puerta como lo vería un visitante, "Aquí tenemos la entrada, el salón, pasamos a la cocina..." si no eres de improvisar hazte antes un guión en un papel y memorízalo. Si no estás satisfecho, repítelo. Tómate tu tiempo, pero el vídeo debe de ser corto, máximo 3 minutos.

Paso 55: Si tu casa o piso lo merece, casa grande con jardín o un piso bastante lujoso y grande, te recomiendo que inviertas un poco para que un profesional te haga una visita virtual: Está muy de moda hoy para propiedades singulares o grandes y permite al potencial comprador hacerse una idea de la vivienda antes de hacer una visita. Las mejores integran un plano y se puede ver cada estancia desde distintos ángulos.

10. COMO PUBLICAR TU VIVIENDA Y DÓNDE

Paso 56 a 60

Paso 56: Como particular puedes publicar tu vivienda en venta en cualquier portal de manera totalmente gratis (por lo menos en los paquetes básicos).

Paso 57: En España, existen decenas de portales en los que se pueden publicar, Idealista, Fotocasa, Milanuncios, pisos.com... Te aconsejo quedarte con dos de los más eficientes y que generan el mayor tráfico del mercado: Idealista y Fotocasa. Con esos dos tienes bastante. En otros países debéis buscarlo en Internet.

Paso 58: Antes de empezar te aconsejo crearte una cuenta de correo electrónico específica para la venta de tu vivienda, sino tu cuenta personal puede llenarse de publicidad indeseada en muy poco tiempo. Vete a Gmail o a Hotmail y créate una cuenta.

Paso 59: Luego con ese correo créate en Idealista y en Fotocasa una cuenta como particular para poder publicar. Sobretodo no olvides apuntar todas las contraseñas, tanto de la cuenta de correo como de las cuentas de los portales. Apúntalo en una libreta donde puedas mirarlas si te las olvidas. No hay nada más fastidioso que olvidar las contraseñas y no poder acceder a tus publicaciones. No querrás tener que empezar desde cero otra vez.

Paso 60: Aunque publicar es gratis, te aconsejo tener un pequeño presupuesto de publicidad para destacar tu publicación en los portales. Eso hará que salga durante un tiempo entre las primeras viviendas, cuando se hace una búsqueda. Las agencias pagan a los portales por publicar y eso hace que las suyas estén siempre entre las primeras páginas. Si no apareces en las tres primeras páginas de una búsqueda tardaras mucho más en vender. En el próximo capitulo te doy más consejos al respecto.

11. LA PUBLICACIÓN

Paso 61 a 67

Esto es lo más importante de todo, si tu publicación es atractiva y completa eso hará que más gente se interese por tu vivienda.

Paso 61: Aquí debes de subir todas las fotos, plano, Infografía, Certificado de Eficiencia Energética (CEE) y vídeo. Primero las fotos, tienes que ordenarlas y juntar las que sean de la misma estancia. Las cinco primeras deben ser las más llamativas de la vivienda, ya que un 80% de la gente sólo mira las 5 primeras (Salón, Cocina, Baño y un par de dormitorios). La primera tiene que ser la mejor ya que es la que aparece en el panel del buscador como foto de encabezado, es la firma de tu vivienda. Si tu vivienda es para reformar, te aconsejo que la primera foto sea la de la Infografía. Termina poniendo, plano, CEE y vídeo.

Paso 62: A continuación debes insertar todos los elementos técnicos de tu vivienda: precio de venta, metros cuadrados, dormitorios, ascensor, CEE... Ya lo irás viendo, ya que la página de los portales te indica todos los diferentes elementos.

Paso 63: Terminamos con el texto. Aquí tomate tu tiempo, haz un descriptivo de la vivienda, de ser posible escríbelo en una hoja de papel y léetelo varias veces. Pregúntate si tú, estuvieras buscando una vivienda para comprar, tendrías ganas de hacer una visita. Hazlo leer a tus familiares, amigos y que te digan lo que les parece.

Paso 64: Yo te aconsejo que el descriptivo sea lo menos técnico posible (ya que lo has puesto todo anteriormente), pon sólo un par de lineas tipo "vendo piso de x metros cuadrados, de x dormitorios, x baños en tal zona...". Luego habla de las ventajas del piso, amplio, bien distribuido, soleado, tranquilo, buen vecindario... Y termina con lo que hay en el entorno, colegios, paradas de autobús, comercios, centro médico, farmacia... Los servicios que no tengas cerca, puedes indicar a cuánto estás, "a x minutos o kilómetros de la playa", de la autopista, del centro, todo lo que tú veas que sea de interés para un potencial comprador. Tienes que dar ganas, hacer que la gente se vea viviendo dentro.

Paso 65: Una vez hecho esto, la vivienda está lista para ser publicada. Pincha en publicar y ya está, tu casa está en el mercado. Ahora bien, las publicaciones hay que hacerlas vivir para que permanezcan lo más arriba posible en las búsquedas.

Paso 66: Como ya te dije antes, una publicación tiende a ir bajando en el listado de búsqueda a medida que van entrando propiedades similares. Pues bien, para impedir que eso suceda te doy un pequeño truco, que es cada 7 días reactivar tu propiedad. ¿Cómo? Pues de una manera muy sencilla: modificando la publicación, sea moviendo una foto, por ejemplo cambiando la foto principal (la de la portada) o bien añadiendo una foto más (de ahí que te dijera que hicieras muchas fotos en el **Paso 46**), o también introduciendo texto nuevo.

Paso 67: También puedes destacar tu publicación pagando al portal inmobiliario - eso quiere decir que durante un tiempo tu vivienda aparecerá en primera o segunda posición en el buscador. Para que no te gastes dinero a lo tonto, déjame que te dé un segundo truco. Una vez que hayas publicado tu propiedad por primera vez, métete en el buscador y haz una búsqueda con los parámetros de tu vivienda (mismos dormitorios, rango de precio y zona) y mira en qué posición aparece. Si estás en las 3 primeras páginas, muy bien, si es en la primera aun mejor. Si estás en esta configuración no te recomiendo invertir en publicidad por ahora. Si no estás en esas 3 paginas, destaca tu vivienda, porque eso quiere decir que estás en una zona donde hay muchos productos en el mercado y vas a tardar en vender.

Por último lo del cartel. A gusto de cada uno. Yo te recomiendo ponerlo, te dará más visibilidad, a no ser que vivas dentro. En este caso puedes tener gente que llame a la puerta sin avisar y puede ser molesto. Ponlo donde mejor se vea y si es un piso que da a dos calles, pon uno en cada ventana.

12. LAS REDES SOCIALES

Paso 68 a 71

Paso 68: Hoy en día las redes sociales permiten acceder a mucha gente de manera sencilla y los agentes inmobiliarios las usamos a menudo para promocionar las propiedades que tenemos a la venta - no dudes en hacer lo mismo.

Paso 69: Para ello debes de tener una cuenta de Facebook, Twitter o Instagram desde hace ya tiempo y con un volumen de amigos/seguidores bastante razonable. Si no tienes redes sociales pregunta a algún familiar o amigo que sepas que las utiliza para que te eche una mano.

Paso 70: Hazte un pequeño descriptivo (no muy largo), con lo principal y elige 3 o 4 fotos o incluso el vídeo que hiciste. Y publícalo directamente en las cuentas y pide a tus seguidores/amigos que la compartan en su red. Verás como pronto te sale gente interesada.

Paso 71: En Facebook también existen grupos dedicados a la venta de viviendas entre particulares, ahí también podrás publicar la tuya.

13. GESTIONAR LAS VISITAS

Paso 72 a 77

Paso 72: Ahora que tu casa está publicada empezarás a recibir llamadas o correos electrónicos de gente interesada. Tengo que decirte que también recibirás llamadas de agentes inmobiliarios proponiéndose para ayudarte a vender. Si tomaste la decisión de vender por cuenta propia seguramente te sentirás molesto que te llamen continuamente. Por favor, te pido que nos trates con respeto (si puede que incluso caigas conmigo) ya que estamos haciendo nuestro trabajo. Si ves que te llaman muchos agentes y realmente no quieres trabajar con nadie, modifica el texto de tus anuncios e inserta al final del descriptivo "Por favor abstenerse agencias" Así comprenderemos que no quieres trabajar con una agencia y la mayoría te dejaran en paz (yo no, porque llamo a todos lo pongan o no. Si tengo un cliente comprador y me cuadra la vivienda llamo sí o sí, al final lo que uno quiere es vender. ¿No?).

Paso 73: Antes de atender la primera visita de tu casa tienes que preparar tu dossier de venta. La famosa carpeta con todos los documentos para enseñarlos a potencial comprador. Es decir (para España):
- el último IBI pagado
- una copia del catastro (lo tienes en Internet, puedes ver enlace en el **Anexo**) para confirmar los metros cuadrados
- el certificado de la comunidad de vecinos donde viene reflejado que no hay derramas pendientes
- el certificado de eficiencia energética
- la nota simple para justificar que eres tú el dueño y que puedes vender
- los planos, la Infografía y el presupuesto de la reforma si se necesita

- un ejemplar de oferta para rellenar (lo veremos más adelante)
- un ejemplar de contrato de arras (lo veremos más adelante)

Estos dos últimos documentos los puedes encontrar en Internet para descargar.

Paso 74: No olvides adecuar la vivienda como en las fotos para la visita si vives dentro. Si está vacía, preséntate con tiempo suficiente para prepárala. Sube las persianas, si estuvo cerrada abre las ventanas y ventila, enciende las luces en todas las estancias, pon un poco de ambientador (siempre es más agradable).

Paso 75: Espera al potencial comprador a la puerta de la casa, o en el portal, si es un piso. Estate relajado y sonriente e invítalo a entrar, tú siempre detrás. Déjalo que visite a su aire, si el piso está vacío puedes indicar donde tenias el salón y los dormitorios, pero cocina y baños todos sabemos identificarlos. No hables en exceso, pero enséñale lo más destacado, por donde da el sol y en qué momento del día. Enseña los elementos técnicos, cuadro de luz, caldera, llaves de paso... Te aconsejo que después de haber dado una vuelta de la vivienda con él, le dejes un tiempo para que lo vea por su cuenta, sobre todo si son una pareja, ya que si estás delante igual no se atreven a comentar lo que ven.

Paso 76: Un vez terminada la visita, pasa a la sesión de preguntas. Deja que los potenciales compradores te hagan todas las preguntas que tengan. Usa los documentos para aclarar sus dudas. Normalmente la mayoría de la gente suele comportarse y no hacer comentarios molestos, pero te tienes que preparar a oír de todo. Tú lo que quieres es vender, así que desapégate de la parte sentimental que puedas tener con esa vivienda. Puede que sea el lugar donde te hayas criado, o donde hayas visto crecer a tus hijos, eso ya no tiene que importar ni interferir a la hora de vender. Lo que hayas comprado y te haya gustado para vivir, no significa que tenga que gustarle a todo el mundo. Si no has adecuado la vivienda de manera que parezca lo más impersonal posible, puede que tengas comentarios sobre el color de la pintura, los materiales o el estilo de los muebles. No pasa nada, diles que a ti te gustó en su momento, o que eran el tipo de muebles que se vendían cuando compraste, no le des más vueltas y sobre todo no entres en una discusión que al final no sirve para nada. Si no les gusta ya vendrán otros a quienes les encantará. Una cosa IMPORTANTÍSIMA, NUNCA pero NUNCA des demasiados detalles sobre el por qué quieres vender, sé lo más simple posible. Siempre dales a comprender que no tienes prisa y menos urgencia por vender. Sino los compradores usarán ese argumento para presionarte a la hora de negociar el precio de venta. Tampoco digas tú que el precio es negociable, diles que estás abierto a recibir ofertas si estás dispuesto a rebajar el precio o, si no quieres bajarlo, que el precio no es negociable.

Paso 77: Si ves que están interesados, no les presiones. Pregúntales si lo quieren volver a visitar en otro momento del día (para ver como da el sol por ejemplo), si es una persona sola puede querer que su pareja lo vea, un familiar, un amigo o un profesional si la vivienda necesita una reforma. Siempre tienes que estar a disposición del potencial comprador. No cierres puertas. Si después de la visita te dicen que se lo van a pensar, no pierdas tiempo en llamarles después. Muchas veces la gente no da más señales de vida, suelen ver varios inmuebles y si uno les gusta y lo reservan son pocos los que se toman la molestia de llamar a todos los dueños o agencias de las viviendas que visitaron previamente. El potencial comprador que realmente está interesado te volverá a llamar con lo que sea, incluso semanas después.

100 Pasos para vender tu casa

14. GESTIONAR LAS OFERTAS

Paso 78 a 85

Paso 78: Bueno, ahora que lo has hecho todo muy bien y que un comprador está interesado en tu vivienda pasamos a la gestión de la oferta. Este paso puede venir a la par de una visita dependiendo de la situación del mercado inmobiliario de la ciudad donde vives. Pueden darse dos casos diferentes. Estás en un lugar donde la oferta inmobiliaria es baja, donde hay más gente que quiere comprar que inmuebles disponibles a la venta. Esta es con mucho la mejor situación. Eres tú quien tiene la sartén por el mango.

- En este caso puedes tener incluso varios compradores que quieran comprar tu vivienda- es lo que llamamos *la venta por subasta* (ver **Paso 79**) venderemos al que más dinero te ofrezca.

- En este caso puede que sólo tengas un comprador interesado y que, como hay poca oferta de viviendas, te va a proponer comprarla por el precio que pides. Es lo que llamamos *una reserva* (ver **Paso 80**). Aquí no hay negociación- pagarán el precio con el que has publicado.

- El segundo caso es cuando estás en un lugar donde la oferta inmobiliaria es superior a la demanda, hay más viviendas en venta que compradores. Aquí mandan ellos. Suele haber más inmuebles en venta en tu zona y seguro que los habrán visto todos. Es lo que llamamos *una oferta* (ver **Paso 81**). Te darán menos dinero que el que tú pides.

Estudiemos los diferentes casos.

Paso 79: *La venta por subasta.*
Aquí no te compliques, no eres un profesional de las subastas y de nada sirve que intentes subir el precio hasta las nubes. Sé honesto y contacta con todos los compradores,

diles que son varios y que cada uno te haga una oferta de compra poniendo el precio que están dispuestos a pagar y que, quien dé más dinero, se llevará la compra. Pregúntales si tienen el dinero o si van a necesitar una financiación. Yo que tú me quedaría con la oferta más segura. Si nadie necesita financiación, obviamente aceptarás la oferta más alta, pero si la más alta necesita financiación yo la descartaría en favor de la que no la necesita, aunque sea más baja. Hasta que el banco no dé el visto bueno (suele tomar varias semanas) la operación puede caerse y te encontrarías sin ningún comprador, porque ya habrías avisado a los demás. No eres un profesional, no seas codicioso, mi consejo es que vayas a lo seguro (perdona que me repita, pero es por tu bien).

Paso 80: *La reserva.*
Este es el caso en el que el comprador te ofrece el precio que pides. Si le gusta tanto que después de la visita está decidido a comprarte tu vivienda, formalízalo usando el modelo de Oferta/Reserva de compra de inmuebles que habrás descargado en Internet (ver enlace en el Anexo). A partir de ahora deberás seguir con los trámites que veremos en el siguiente capítulo.

Paso 81: *La oferta.*
Este es el paso más complicado y lo vamos a ver en detalle: cómo negociar y cerrar la venta.

Paso 82: La psicología del comprador, a la inversa de la del vendedor, es siempre comprar al precio más bajo posible. Cuando hay mucha oferta en el mercado, el comprador se hace fuerte y aquí todo depende de tu situación. Si tienes que vender sí o sí por razones personales, te vas a encontrar en una situación de inferioridad de cara a la negociación, por eso es importante lo que te dije en el **Paso 76** de no hablar demasiado durante la visita. Si es un piso para reformar y te hacen una oferta demasiado baja, justifícate con el presupuesto que haya hecho el reformista. Siempre que te hagan una oferta puedes hacer tu una contraoferta, es decir, rechazar la que te hagan los compradores pero dando tú un nuevo precio de venta, al que estarías dispuesto a vender, entre el precio de su oferta y el precio al que publicaste tu vivienda.

Imagínate que el precio de salida era de 150.000€ y te ofrecen 140.000€ ,pues tu puedes contra-ofertar a 145.000€, siendo esa una propuesta de venta cerrada,- o lo toman o lo dejan.

Paso 83: Como te decía en el **Paso 25,** es muy importante conocer a tus competidores a la hora de negociar, sobretodo cuando hay mucha oferta de viviendas en venta. Los compradores habrán visitado todas ellas y te justificarán su oferta en base a esas otras propiedades. De tu conocimiento va a depender que puedas convencerles o no. Aquí te voy a dar un truco que te va a permitir desbaratar todas la alegaciones de los compradores como un profesional. Coge todas las publicaciones y llama haciéndote pasar por un comprador y pide una cita para una visita (ojo!, no digas que vendes tu casa y que quieres comparar). Visita esas viviendas y apúntate todo lo que te sea útil, mira sobre todo las diferencias que tienen con la tuya, distribución, estado, cualidades... Y hazte unas fichas. Sé que puede puede parecer un poco desleal, pero es lo que yo llamo una táctica "Comanche", a la hora de vender tienes que tener todas las cartas de tu parte, y en este caso esa información al final es más dinero en tu bolsillo. Créeme, te sentirás un poco un "James Bond" espiando a tus competidores.

Paso 84: Con todo esto que te he dicho ya tienes en tus manos todo lo que necesitas para ser un crack de la negociación, y verás cómo la argumentación de los compradores se viene abajo como un castillo de naipes. Saber es poder y lo mas importante es que puedas siempre estar por encima durante la negociación con muchos ases en la manga.

Paso 85: Una vez llegado a un acuerdo, formalízalo usando el formulario de Oferta/Reserva de venta de inmuebles que te has descargado de Internet (ver enlace en el Anexo).

15. PAPELEO Y NOTARÍA

Paso 86 a 96

Paso 86: A la hora de firmar la Oferta/Reserva está en tus manos si vas a pedir o no una señal a los compradores. Yo te recomiendo que sí lo hagas, porque si no puedes tener el caso de tener compradores que visiten otra vivienda y les guste más, oferten y cancelen la tuya. De ese modo, si se vienen atrás perderían la señal. ¿Qué cantidad pedir? La que tú veas, pero yo creo que entre 500€ y 1000€ está bien. La ventaja es que si pides 500€ es fácil de sacarla de un cajero automático con una tarjeta, a cualquier hora de cualquier día de la semana. Si pides más, tendrías que esperar a que los bancos estuvieran abiertos y corres el riesgo de que se echen para atrás.

Paso 87: En el formulario de Oferta/Reserva tiene que venir reflejado que han dado una señal y qué cantidad, que la pierden si se retractan y también debe mencionarse a qué fecha se firmará el contrato de arras y qué cantidad de dinero deben aportar a la firma de ese contrato. La fecha de la firma del contrato de arras no debería ser superior a 7 días después de firmar la Oferta/Reserva (puede que en otros países se llame "Due Diligence"). Míralo con los compradores, y decidid juntos una fecha que permita que todos estén disponibles para firmar y que les dé tiempo a sacar el dinero del banco.

Paso 88: El contrato de arras lo podrás descargar en Internet (ver enlace en el Anexo). Según el país en el que esté tu vivienda se utilice un contrato diferente, entérate acudiendo a un abogado especializado en ventas inmobiliarias. Puede que algún comprador que no necesite financiación y quiera comprar rápido te diga que no hace falta hacer un contrato de arras y que vayáis directamente a firmar en notaría - tú verás, yo siempre prefiero que se formalice el acuerdo de compra-venta con un contrato de arras.

Paso 89: El contrato de arras sirve para fijar el marco del acuerdo de la venta de un inmueble entre dos partes. Debe constar quién vende y qué, quién compra y por cuánto, cuánto se ha dado de señal, cuánto se da de arras y todo acuerdo específico acordado entre vendedores y compradores (si se vende con muebles, si los vendedores necesitan mas tiempo después de la firma para liberar la vivienda...). El contrato también debe indicar cual es el plazo máximo para firmar la venta en notaría pueden ser 30, 60, 90 días o el plazo que decidan poner las tres partes, sabiendo que por lo general se pone 30 días o 60 días en caso de necesidad de financiación. Si se llegara a la fecha límite y que por razones administrativas u otras no se pudiera firmar (retraso por parte del banco, hospitalización...) el contrato de arras se podría prolongar el tiempo necesario para la firma, esto siempre siendo un acuerdo entre las partes. El resto son artículos legales donde el más importante dice que si los compradores no se presentan a la firma de la venta en la notaría, pierden la cantidad aportada al contrato de arras, y si los vendedores son los que no se presentan entonces estos deberán darles el doble de esa cantidad a los compradores.

Paso 90: Mucha gente no comprende por qué el doble, y esto es únicamente porque como los vendedores percibieron esa cantidad por parte de los compradores tienen que devolvérsela y luego pagarles esa misma cantidad como compensación. Lo que en realidad viene a decir que tanto compradores como vendedores pagan la cantidad del contrato de arras como penalidad por no firmar.

Paso 91: Una vez hecho todo esto toca elegir en qué notaría vais a firmar la venta de la vivienda. Normalmente son los vendedores quienes eligen la notaría y, en caso de financiación, suele ser el banco. Si nadie tiene alguna preferencia, puedes elegir tú la que quieras. Una vez elegida, preséntate allí y diles que vas a firmar la venta de tu vivienda, te darán toda la información sobre los documentos que tienes que traer y una vez que hayas traído dichos documentos te darán una cita que deberás comunicar a los compradores. Si la venta es financiada entonces deberás esperar a que el banco haya hecho los deberes y esté listo para firmar, te dirá a qué notaría acudir y deberás hacer lo mismo con la documentación.

Paso 92: Los documentos que te va a pedir la notaría son los siguientes, éstos son los que se piden en la mayoría de las Comunidades autónomas en España, en algunas puede haber más, te lo dirán en la notaría. Si tu vivienda está en otro país entérate de los documentos necesarios en ese país.

Paso 93: Documentos:
- El ultimo recibo del IBI (Impuesto sobre los Bienes Inmuebles) pagado.
- La nota simple del registro de la propiedad.
- El certificado como que estás a corriente de pago de las cuotas de la comunidad de propietarios al día de la firma y las derramas pendientes si las hay. Te lo dará la administración de fincas o bien el presidente de la comunidad.
- Copia de las escrituras (llevar los originales el día de la firma).
- Copia del contrato de arras.
- Copia del CEE (Certificado de Eficiencia Energética).
- Copia de los poderes si los hubiera.

Paso 94: Cuando todo esté listo y que la notaría te dé una fecha para la firma, también te dará lo que se llama un protocolo de pagos, que deberás transmitir a los compradores para que puedan ir a su banco y pedir el o los cheques de banco certificados para realizar el pago el día de la firma. Estos cheques serán nominativos con los nombres y apellidos de cada dueño de la vivienda y su respectiva cantidad. En caso de que la compra sea financiada es el banco quien recibirá este protocolo directamente.

Paso 95: El o los cheques corresponderán a la cantidad total acordada en el contrato de arras menos el dinero ya recibido (señal más arras). Por tu parte, si todavía tienes una hipoteca pendiente sobre la vivienda, debes decirle a tu banco que has vendido y pedirle un certificado de hipoteca donde viene reflejada la cantidad que te queda por pagar al día de la firma. En ese caso, el comprador tendrá que hacer un cheque de dicha cantidad a nombre del banco para tú poder liquidar la hipoteca.

Paso 96: Por fin ha llegado el día de la firma de la venta en la notaría. Llega con tiempo, ya que puede que te pidan ver los originales de los documentos que has entregado. Tú ese día no tienes que pagar nada, sólo firmas y ya está. Estos son los documentos que tienes que llevar en la mayoría de las Comunidades Autónomas de España (si tu vivienda está en otro país entérate de los documentos necesarios en ese país):

Los originales de los documentos entregados
- Escritura
- Certificado de la comunidad
- Contrato de arras
- Último recibo del IBI
- Los poderes si los hay.
- CEE, este lo debes de entregar a los compradores ya que es válido 10 años.
- Una factura de cada suministro (agua, luz, electricidad...) para que los compradores puedan hacer el cambio de titularidad.
- Y, sobretodo, no te olvides de las llaves.

16. QUIÉN PAGA QUÉ - IMPUESTOS Y TASAS

Paso 97 a 100

Paso 97: Todo lo que está relacionado con la escritura de compra-venta corre por cuenta de los compradores. Costes de notaría, tasas y demás todo por cuenta de ellos. Tú sales de la notaría con un cheque en la mano, vas a cobrarlo y ya está.

Paso 98: El ITP o Impuesto de Transmisiones Patrimoniales (en España), es un porcentaje que depende de cada comunidad autónoma. Ésto lo paga el comprador.

Paso 99: El IBI (en España). Normalmente para el pago de este impuesto hacienda lo manda a quien era propietario de la vivienda al 1 de Enero del año de referencia. En este caso serás tú, a no ser que vendas en diciembre - en tal caso le llegará directamente al nuevo propietario. Si es verdad que en el pasado el comprador se podía negar a pagar, al vendedor, los meses del IBI que le correspondían, una sentencia del Tribunal Supremo sienta jurisprudencia. El auto señala que en caso de ausencia de pacto en contrario, el vendedor que abone el IBI podrá repercutirlo sobre el comprador, en proporción al tiempo en que cada una de las partes haya disfrutado de la vivienda. Es decir, que puedes repercutir parte del pago del IBI al comprador sin necesidad de pacto. Esto se suele mencionar en el contrato de arras, así todo queda claro para todos.

Paso 100: La plus valía (en España). Este es el único impuesto que después de la venta te toca pagar...o no. Debido a la cantidad de sentencias que están lloviendo últimamente sobre este asunto, cualquier cosa que escriba aquí podría ser incorrecta y confundirte. Normalmente, sólo pagas si has tenido ganancias con la venta de tu vivienda. Quien lo decide es el ayuntamiento. ¿Se puede recurrir? ¡Sí! Lo mejor es que le preguntes al notario cuando firmes. El que está más al tanto de cada sentencia y de cómo lo maneja tu ayuntamiento te podrá dar toda la información que necesitas y lo que tienes que hacer y dónde.

17. CONCLUSIONES

Espero que hayáis disfrutado tanto leyendo este libro como yo disfruté escribiéndolo.

A lo largo de todo este tiempo trabajando en el sector inmobiliario, me había dado cuenta de que la gran mayoría de la gente que vende una propiedad desconoce todo lo que conlleva este procedimiento. Me sentí obligado a compartir con vosotros este conocimiento, de manera sencilla y fácil de comprender.

Transmitir lo que uno sabe es a veces una tarea difícil, porque uno tiende a eludir cosas que para él son obvias, pero que no lo son para quien no es del sector. Por eso he decidido, sin que ésto se transforme en una consulta médica, daros un acceso para aclarar dudas que tengáis.

Al final del Anexo encontrareis un correo electrónico de contacto, específico para este libro, donde podréis hacerme todas las preguntas que tengáis. En la medida de lo posible intentaré contestaros a todos y todas con la mayor brevedad que me permita mi carga de trabajo del momento.

Si habéis comprado este libro a través de Amazon y os ha gustado, no dudéis en dejar un comentario positivo, os lo agradezco con antelación.

Espero que este libro os haya ayudado a vender vuestra vivienda. De ser así también lo podéis comentar. No os puedo garantizar que vendáis vuestra vivienda rápidamente, pero lo que si os puedo decir es que quien no sigue estos 100 Pasos corre el riesgo de tardar mucho tiempo en vender y de tener, al final, una vivienda "quemada" en el mercado.

Lo dicho, este libro trata de la venta inmobiliaria en España, pero si tu vivienda esta en otro país, entérate de todos los aspectos legales correspondientes a ese país.

18. ANEXO

Recapitulativo:

- Proceso de Decisión, preguntas.

- Reunir toda la documentación.

- Analizar el precio del mercado.

- Decidir si lo hago solo o con un agente.

- Cómo acomodar la vivienda para la venta.

- Hacer las Fotos.

- Hacer un plano.

- Hacer un vídeo y una visita virtual.

- Crear cuentas en los portales.

- Redactar la publicación y publicar.

- Movilizar las redes sociales

- Preparar y gestionar las visitas

- Preparar y gestionar las ofertas

- Papeleo y Notaría

-@-@-@-@-@-@-@-@-@-@-@-

Enlaces de Internet:

(Válido para España)

- Catastro:
www1.sedecatastro.gob.es/CYCBienInmueble/
OVCBusqueda.asp

- Idealista:
www.idealista.com

- Fotocasa:
www.fotocasa.es

- Descargar Oferta/Reserva:
http://www.mgomezabogados.com/documentos/
Reserva_inmueble.pdf

(Este es un modelo de reserva pero puede valer también como oferta)

- Descargar Contrato de Arras:
https://st1.idealista.com/comunicacion/files/guia-compraventa/contrato_arras_penitenciales.doc

(Este documento esta en formato Microsoft Word, así que lo puedes modificar fácilmente)

-@-@-@-@-@-@-@-@-@-@-@-

Correo electrónico de contacto:

coleccion100pasos@gmail.com

www.ingramcontent.com/pod-product-compliance
Lightning Source LLC
Chambersburg PA
CBHW030511220526
45464CB00006B/2753